14 TABLEAUX

PAR

Alfred Sisley

Appartenant à M. D. S..

COMMISSAIRE-PRISEUR

Me F. LAIR-DUBREUIL

EXPERT

M. GEORGES PETIT

14 TABLEAUX

PAR

Alfred Sisley

CONDITIONS DE LA VENTE

Elle sera faite au comptant.

Les adjudicataires paieront *dix pour cent* en sus des enchères.

Paris. — Imp. Georges Petit, 12, rue Godot-de-Mauroi. — 19731-09.

CATALOGUE

DE

14 TABLEAUX

PAR

Alfred Sisley

Appartenant à M. D. S...

ET DONT LA VENTE AUX ENCHÈRES PUBLIQUES AURA LIEU

HOTEL DROUOT, Salle n° 9

Le Mardi 18 Mai 1909

A TROIS HEURES

COMMISSAIRE-PRISEUR	EXPERT
Mᵉ F. LAIR-DUBREUIL	M. GEORGES PETIT
6, rue Favart, 6	8, rue de Sèze, 8

EXPOSITIONS

Particulière : *Le Lundi 17 Mai 1909, de 2 heures à 6 heures.*

Publique : *Le Mardi 18 Mai 1909, jour de la vente, de 2 h. à 3 h.*

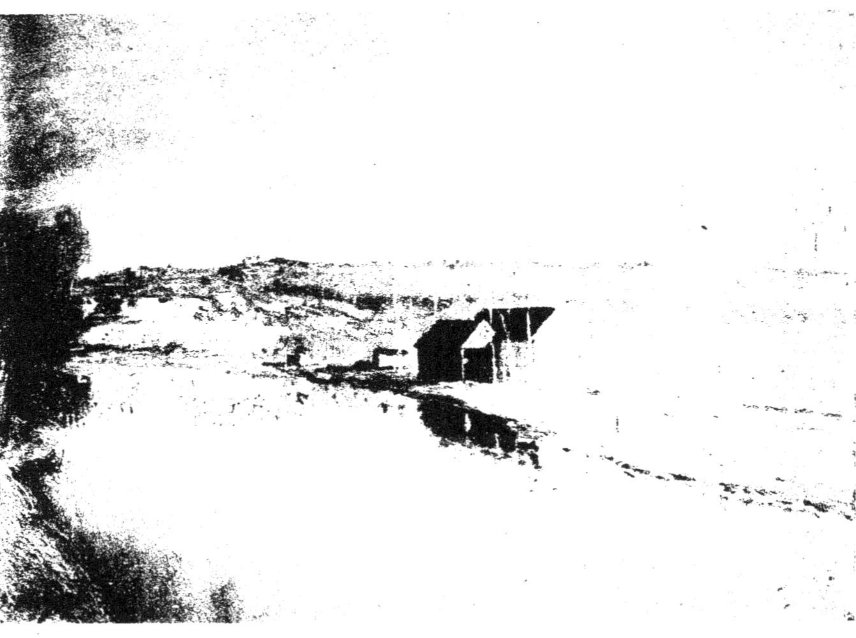

LE LOING ET LES COTEAUX DE SAINT-NICAISE

DÉSIGNATION

TABLEAUX

PAR

ALFRED SISLEY

1 — Le Loing. Coteau de Saint-Nicaise (soleil de mars).

Entre les berges plantées d'arbres grêles et où s'élèvent quelques constructions, le Loing coule tranquille et limpide, reflètant le ciel bleu clair où courent de légères nuées blanches. A gauche, sur la rive, quelques promeneurs.

Au fond, les coteaux de Saint-Nicaise.

Signé à gauche, en bas, et daté : *90*.

Toile. Haut., 60 cent.; larg., 91 cent.

2 — Église de Moret (effet de soleil).

L'église de Moret éclairée par le soleil qui projette sur les pierres des ombres bleutées. A gauche, l'enfilade de la grande rue de Moret, où l'on aperçoit quelques promeneurs. Ciel clair.

Signé à droite et daté : *94*.

Toile. Haut., 73 cent.; larg., 92 cent.

3 — La Vague (Baie de Langland).

Sur le roc, que la mer, dans son incessant travail, a détaché de la falaise, la vague s'abat mugissante et écumante. L'eau retombe en cascades et bouillonne dans les creux de roches.

De légers nuages mettent une tache blanche dans le ciel bleu.

Signé à gauche et daté : *97*.

Toile. Haut., 65 cent.; larg., 81 cent.

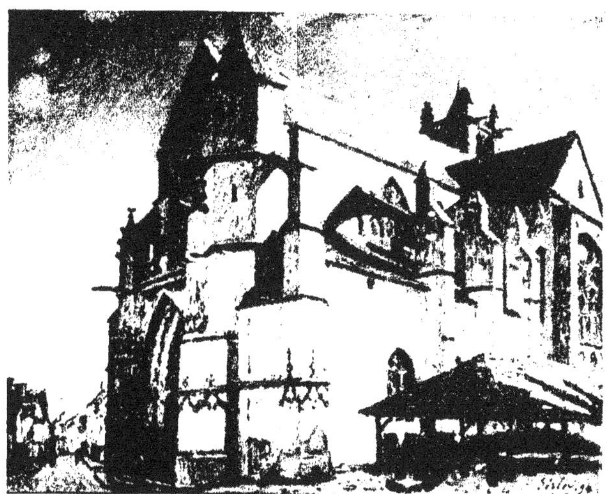

L'ÉGLISE DE MORET
au soleil

2000

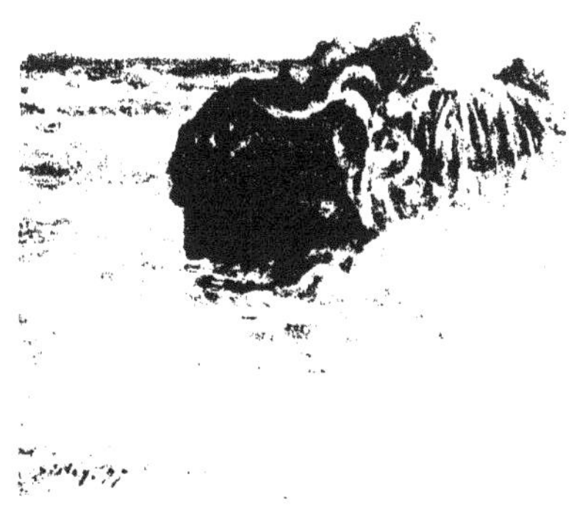

LA VAGUE
Pays de Galles

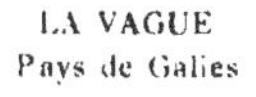

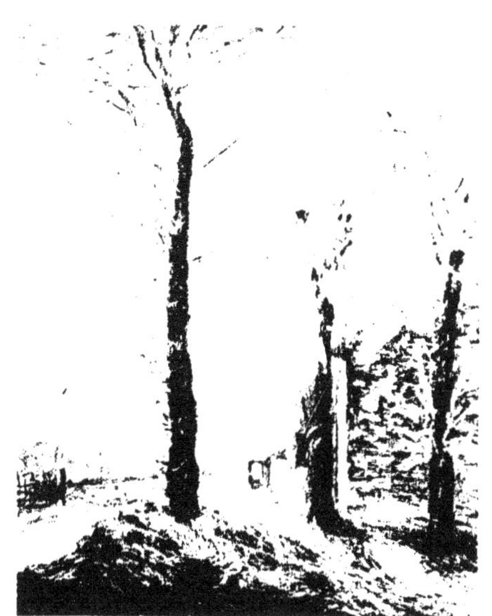

EFFET DE GIVRE
à Veneux-Nadon

1400

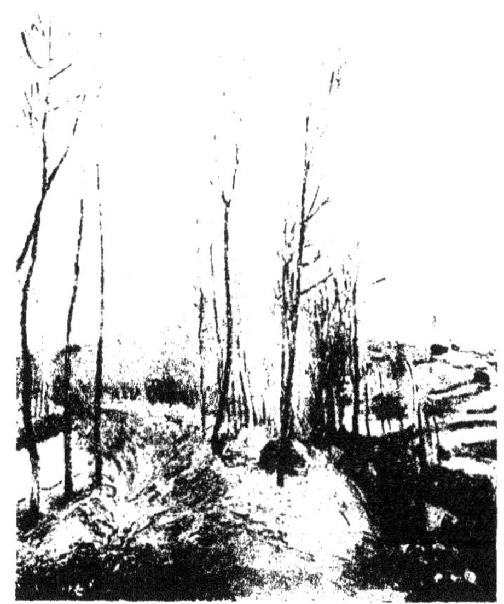

L'ORVANNE ET LE CANAL DU LOING

1000

4 — Effet d'hiver à Veneux-Nadon.

Sous un ciel clair, trois arbres que l'hiver a dépouillés de leurs feuilles. A droite, une ligne de bâtiments.

Signé à gauche et daté : *80*.

Toile. Haut., 81 cent.; larg., 65 cent.

5 — L'Orvanne et le canal du Loing (fin d'hiver).

A droite et à gauche, l'Orvanne et le canal du Loing, séparés par un talus planté d'arbres grêles qui dressent vers le ciel leurs branches dénudées. C'est la fin de l'hiver et ce sont les dernières gelées. Au fond, des hauteurs dénudées.

Signé à gauche et daté : *91*.

Toile. Haut., 73 cent.; larg., 61 cent.

6 — Sur la falaise (Langland).

A droite, la falaise couverte d'herbes dans laquelle les promeneurs ont tracé un sentier. Au bas de la falaise, des roches éboulées. A droite, la mer verte, où l'écume met quelques taches blanches, et sur laquelle on aperçoit un voilier.

Ciel clair.

Signé à gauche et daté : *97*.

Toile. Haut., 65 cent. ; larg., 81 cent.

Felix

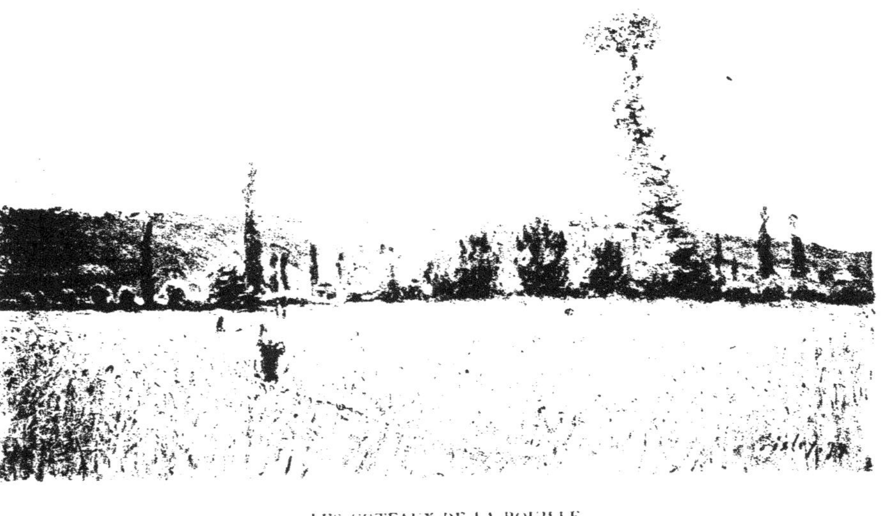

LES COTEAUX DE LA BOUILLE
près de Rouen

1900

7 — Les Coteaux de la Bouille près de Rouen.

1.660
F. Petit

Au premier plan, la prairie que traverse un chemin où s'est engagée une paysanne. Puis une ligne d'arbres, derrière lesquels on devine la rivière. Au fond, les coteaux de la Bouille se dressent sous un ciel clair.

Signé à droite et daté : *94*.

Toile. Haut., 66 cent.; larg., 92 cent.

Vente Sisley, n° 16.

3 900

8 — Arbres en fleurs.

Dans la terre rougeâtre, où l'herbe renaissante met quelques taches vertes, les arbres fruitiers couverts de fleurs se dressent. Les branches alourdies sont courbées vers le sol. Le ciel est clair.

Signé à gauche, en bas.

Toile. Haut., 55 cent.; larg., 65 cent.

9 — Bords du Loing (coucher de soleil).

A droite, la berge plantée d'arbres. Au bord de la berge, un chaland est amarré.

Au fond, on aperçoit le pont de Moret et, de l'autre côté de la rivière dont le courant reçoit les reflets du ciel que dore le soleil couchant, une rangée d'arbres.

Signé à droite, en bas.

Toile. Haut., 37 cent.; larg., 49 cent.

190

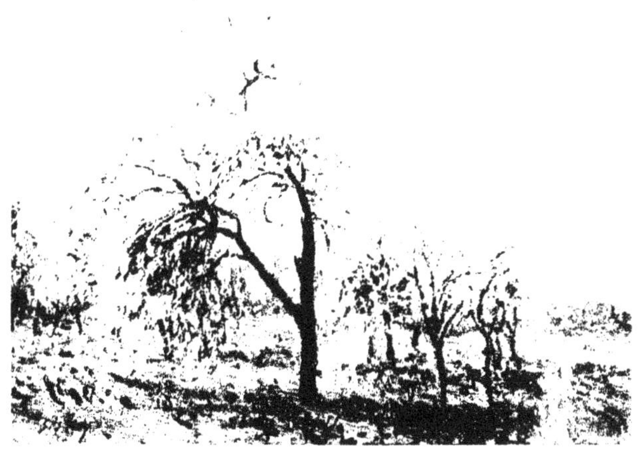

LES ARBRES EN FLEURS

1 150

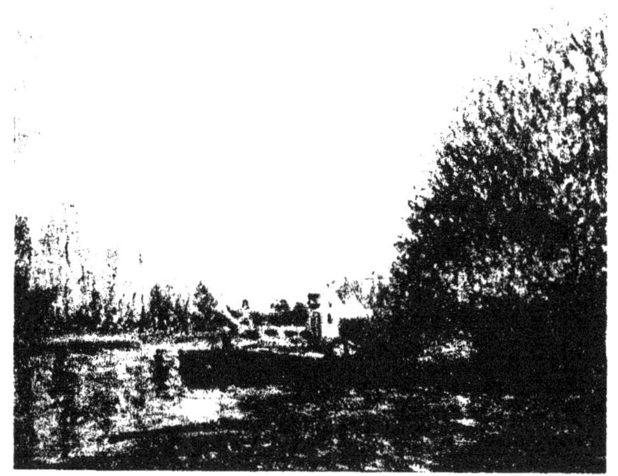

BORDS DU LOING
Coucher de Soleil

1900

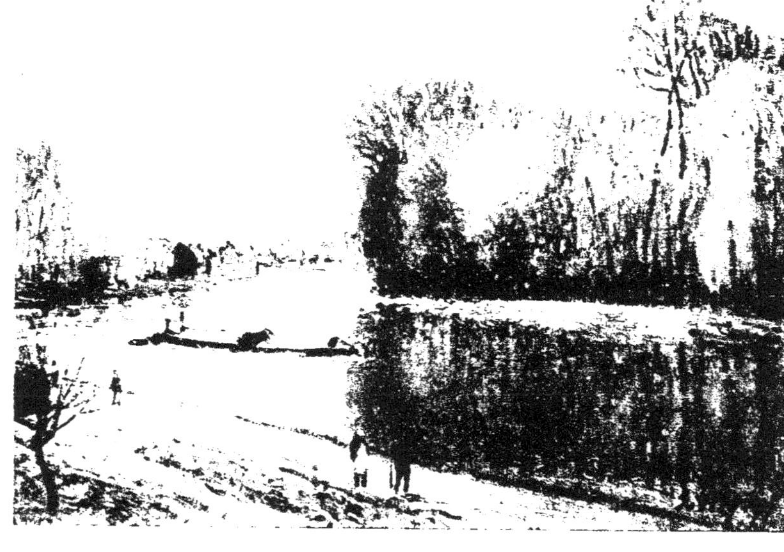

LE CANAL DU LOING
au printemps

4300

10 — **Canal du Loing (le matin).**

Le tournant du canal. A gauche, au premier plan, la berge où deux promeneurs causent sur le chemin de halage.

A droite, la rive plantée d'arbres qu'estompe la buée du matin. Au milieu du canal, un chaland, puis au fond, quelques bâtiments.

Signé à droite, en bas, et daté : *97*.

Toile. Haut., 60 cent. ; larg., 74 cent.

11 — Lady's Cove (marée montante).

La mer qui monte déferle sur la plage de galets, où l'on a descendu les cabines des bains et où sont arrêtés quelques promeneurs.

A gauche, la falaise se dresse couverte de verdure et prolongée par un éboulement de roches. Le ciel où courent de légers nuages blancs est clair.

Signé à gauche et daté : *97*.

Toile. Haut., 65 cent.; larg., 81 cent.

12 — Le Loing à Saint-Mammès.

A gauche, la rivière, puis la berge où s'élèvent quelques maisons. A droite, des chalands accostés à la rive et deux barques, dont une est échouée sur la berge. Le sol est planté de hautes herbes et de bouquets d'arbres.

Signé à droite et daté : *83*.

Toile. Haut., 37 cent.; larg., 54 cent.

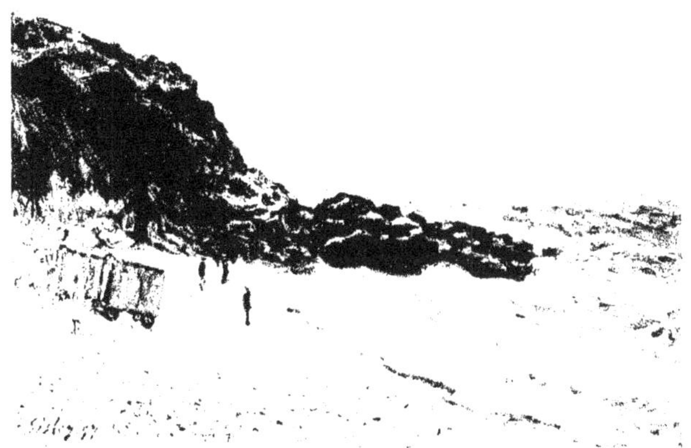

LADY'S COVE
Marée montante

1030

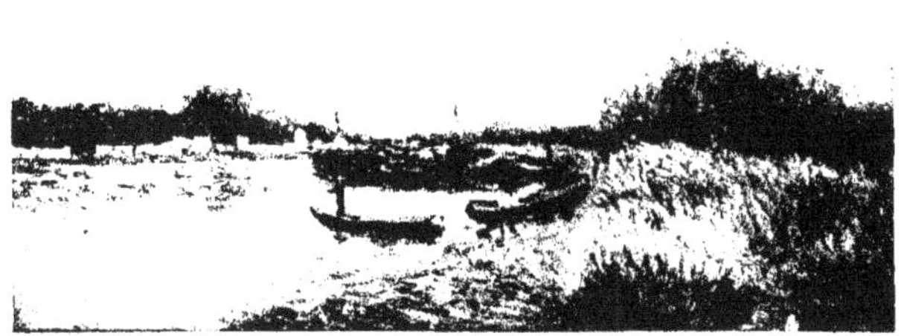

LE LOING
Saint-Mammès

1650

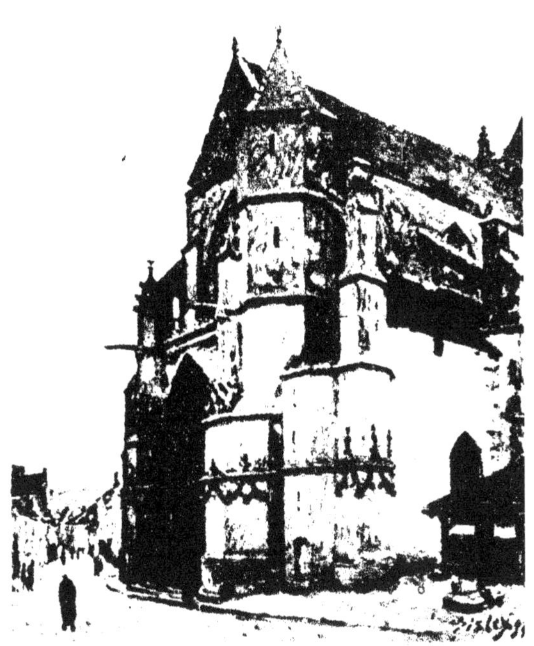

L'ÉGLISE DE MORET
par temps gris

13 — Église de Moret (hiver).

L'église de Moret se dresse sous un ciel lourd de neige. Dans la grande rue, les gens se hâtent pour regagner leur demeure.

Signé à droite, en bas, et daté : *94*.

Toile. Haut., 81 cent.; larg., 65 cent.

14 — Bords du Loing (effet d'automne).

Le Loing coule plein de reflets, entre les berges où les arbres commencent à jaunir. Seul à droite, un saule dresse vers le ciel ses feuillages verts. De l'autre côté de la rivière, une maisonnette, construite au bord du chemin de halage, mire dans l'eau son toit de tuiles rouges. Tout au fond, on devine entre les feuillages des arbres des coteaux boisés.

Signé à droite, en bas.

Toile. Haut., 54 cent.; larg., 65 cent.

www.ingramcontent.com/pod-product-compliance
Ingram Content Group UK Ltd.
Pitfield, Milton Keynes, MK11 3LW, UK
UKHW021316190726
13839UKWH00007B/1883

9 782329 549750